F 46918 (1-11)

Novembre 1607.

EDICT

DV ROY, PORTANT

CREATION DES OFFICES
d'Auditeurs des Comptes , des Tuteurs & Curateurs des Sequestres des
biens saisis , & autres comptes à rendre par auctorité de Iustice , en la
Prouince de Guyenne & ressort du
Parlement de Bordeaux , Auec la
Declaration de sa Majesté donnee
en consequence le dernier iour de
Iuin 1631.

Verifiez en la Cour de Parlement de Bor-
deaux le 16. Decembre 1609.

A PARIS.

____

M. DC. XXXI.

EDICT DV ROY,

PORTANT CREATION

DES OFFICES D'AVDITEVRS
des Comptes , des Tuteurs &
Curateurs des Sequestres des
biens saisis , & autres comptes à
rendre par auctorité de Iustice,
en la Prouince de Guyenne &
ressort du Parlement de Bordeaux , Auec la Declaration de
sa Majesté donnee en consequence le dernier iour de Iuin
1631.

*Verifiez en la Cour de Parlement de
Bordeaux les 16. Decembre 1609.*

ENRY PAR LA GRACE
DE DIEV ROY DE
FRANCE ET DE NA-
VARRE : A tous presens
& aduenir , Salut : Ayant
tousiours puis nostre aduenement à la

A ij

Couronne, recherché les moyens de
foulager nos fubjets, nous aurions con-
firmé les ordonnances de nos prede-
ceffeurs Roys, en ce que l'vfage d'icelles
a efté recogneu neceffaire pour leur
bien & vtilité, & en auons auffi à mefme
effect eftably de nouuelles, auec tout
foin & folicitude felon noftre naturel
& inclination, toutesfois il nous a efté
remonftré qu'en noftre Prouince de
Guyenne lefdites ordōnances n'ont encores affez eu de force & d'efficace pour
reformer certains abus de long-temps
introduits en ladite Iuftice diftributiue
fur l'audition, & examen & clofture de
cōptes, des Tutelles, Curatelles, Sequeftres, Commiffaires des biens & heritages faifis & autres comptes qui fe rendent de l'auctorité de Iuftice; enfemble
pour les partages & diuifions d'heritages, prifées & eftimations des biens
meubles & immeubles, ayans les Iuges
accouftumé de faire conuenir & nom-
mer aux parties telles perfonnes que
bon leur femblera pour Auditeur & experts qu'elles eflifent le plus fouuent
gens incapables, & fans experience,

lesquels s'affectionnent pour les parties
qui les nomme , comme en leur cause
propre , & commettent par ce moyen
plusieurs abus , fautes & nullitez , donnant subjet & occasion de debatre
disputer , contredire les procedures, demander reuission des comptes à nouueau partage & estimation au grand
preiudice & dommage des pauures ves-
ues & pupilles , mineurs , & autres de-
mandeurs , qui pendant telles longueurs consumét leur meilleurs moyens
& facultez , & bien souuent sont con-
trains quitter les poursuittes & renoncer à leurs droits aymant mieux se contenter de ce qui leur est volontairement
offert par leurs Tuteurs & Curateurs,
que d'exposer leurs autres biens au peril
d'vne longue & incertaine poursuitte,
chose si frequente & ordinaire qu'vne
grande partie des matieres de litige &
iurisdiction contentieuse, procede de la
reuission des comptes de Tutelle & Cu-
ratelle & autres de la nature susdite , &
des diuisions & estimations d'heritages
fondées sur la suspition des Auditeurs &
experts , nommez en ces parties litigen-

A iij

res , & de leur nullitez , pour lesquels
abus faire ceſſer & couper chemin aux
procez & differends qui pourroient
naiſtre à l'aduenir entre nos ſubiets pour
telles occaſions , il a eſté trouué & recogneu tres neceſſaire de commettre
telles charges grandes & importantes au
repos & ſoulagement de noſdits ſubjets,
à perſonnes dignes capables & non ſuſ-
pectes, qui ayent le ſerment à Nous & à
Iuſtice pour y vacquer ſoigneuſemẽt en
toute integrité. Novs a ces cavses deſirans traiter fauorablement nos ſubjets
de noſtredit pays de Guyenne , & de
pouruoir à l'vtilité publicque ſans laiſſer
pretexte ny occaſió de les moleſter pour
longueur & inuolutiõs des procez; ſingu-
lierement les veſues & enfans orphelins,
pupils & mineurs qui ſõt ſous noſtre ſpe-
cialle protection de l'aduis de noſtre Cõ-
ſeil & de noſtre certaine ſcience plaine
puiſſance & auctorité Royale. Auons par
cét Edict perpetuel & irreuocable creé,
erigé , & inſtitué, creons, erigeons,
& inſtituons, en tiltre d'office forme és
charges d'Auditeurs des comptes & Experts iurez en noſtre Prouince de

Guyenne, & reſſort de noſtre Cour de Parlement de Bordeaux, à l'inſtant de la creation que nous auons n'agueres faire des ſemblables offices en noſtre Prouince de Languedoc, Dauphiné, & Prouence, pour eſtre ledits Offices d'Auditeurs eſtablis par toutes les villes & Seneſchauſſées, Bailliages, Sieges Preſidiaux, Vigueries & Chaſtellenies & autres Iuriſdictions Royalles en tel nombre que beſoin ſera ſelon les limites & eſtenduës de leur reſſort, & y eſtre dés à preſent par nous pourueu de perſonnes ſuffiſantes & capables, & par cy apres quand vaccation aduiendra ; auſquels Auditeurs & experts Iurez appartiendra : Et leur auons attribué & attribuons l'audition examen & cloſture de tous comptes de Tutelles, Curatelles, Sequeſtres & Commiſſaires des biens ſaiſis, & generallement de quelque autre nature que ce ſoit, qui ſe rendront de l'ordonnance & auctorité de Iuſtice, & qui ont accouſtumé d'eſtre veus & examinez par perſonnes dont conuiennent les parties ſuiuant les ordonnances de Iuſtice, & qui ſont nommez és poincts d'Office

par les Iuges ; ensemble toute la liquida-
tion des dommages & interests , droits
contentieux partages & diuision d'heritages prisées & estimation des biens
meubles & immeubles , & les visitees &
monstrées des lieux litigieux qui sont
ordonnez & faits ainsi qui est dit de
l'auctorité de Iustice & n'en pourront
estre prins & nômez d'autres , à peine de
nullité : Lesquels Experts & Auditeurs
auront & prendront pour leur vaccation
pareilles & semblables vaccations , qui
souloient auoir & prendre les autres
auparauant nommez par les parties prins
d'Office par les Iuges , & iceux Auditeurs & Experts par nous erigez en tiltre
d'Office seront tenus prendre de nous
les lettres de prouision à ce requises , &
presteront le serment pardeuant nos
Baillifs & Seneschaux chacun en son ressort & Iurisdiction. Si Donnons
en mandement a nos amez & feaux les
gens tenans nostre Cour de Parlement
de Bordeaux , & a tous autres Iusticiers
& Officiers, que nostre present Edict ils
façent lire , publier & enregistrer , garder , entretenir , & obseruer , selon sa

forme, & teneur & le contenu en iceluy
joüyr & vſer ceux qui ſeront pourueus
deſdits Offices plainement & paiſible-
ment ceſſant & faiſant ceſſer tous trou-
bles & empeſchemens au contraire. Car
tel eſt noſtre plaiſir : Nonobſtant oppoſitions ou appellations quelsconques
Edicts, Ordonnances, mandemens, de-
fences & lettres à ce contraires, auſquels
nous auons deſrogé & deſrogeons par
ces preſentes, & afin que ce ſoit choſe
ferme & ſtable à touſiours, Nous auons
fait mettre noſtre ſeel à ceſdites preſentes ſauf en autre choſe noſtre droit, &
d'autruy en toutes. DONNÉ à Fon-
taine bleau au mois de Nouembre, l'an
de grace mil ſix cens ſept, & de noſtre
regne le dixneufieſme ainſi ſigné Henry, & ſur le reply par le Roy de Lomenie, & plus bas Viſa, & ſcellées du grand
ſceau dudit ſeigneur de cire verte en
lacqs de ſoye rouge & verte, regiſtrées
ſuiuant l'Arreſt de la Cour, huy donné à Bordeaux en Parlement les Chambres d'iceluy aſſemblées le ſeizieſme
iour de Decembre mil ſix cens neuf,
ainſi ſigné de Pontac, & plus bas, par

collation : Extraict des regiſtres de Parlement. Signé, DE FAV,

VEV par la Cour les Chambres d'icelle aſſemblées, les letttes paten-tes du Roy en forme d'Edict, donné à Fontaine-bleau au mois de Nouembre mil ſix cens ſept, ſignées Henry, & ſur le reply par le Roy, de Lomenic & ſeellées du grand ſceau de cire verte en lacqs de ſoye verte & rouge, à double queuë, pē-dante, contenant creation en tiltre d'of-fice formée, faite par ſa Majeſté des Offi-ces d'Auditeurs des Comptes & Experts Iurez en tout le pays & Bourgades du reſſort de ladite Cour pour y eſtre eſta-blie en toutes les villes, Seneſchauſſées, Bailliages, Sieges Preſidiaux, Vigue-ries & Chaſtellenies & autres Iuriſdi-ctions Royalles auec autres lettres pa-tentes addreſſantes à ladite Cour pour eſtre procedé à la verification deſdites patentes, nonobſtant la ſurauction, don-nées leſdites ſecondes lettres à Paris le

trentiefme Iuillet dernier, fignées Henry, & plus bas par le Roy, de Lomenie &
feellées aufli du grand fceau de cire jaune, Arreft donné en la Cour de Parlement de Thoulouze fur la verification
de femblables lettres du dixhuictiefme
Iuillet mil fix cens fept, conclufions du
Procureur General du Roy, qui n'em-
pefche lefdites lettres eftre regiftrees
pour la creation des Offices d'Auditeurs
des Comptes tant feulement, & à la
charge que fuiuant l'ordonnance les
parties fe pourront accorder des proches parens pour proceder à l'audition
des Comptes des tuteur des mineurs.
Requefte de Maiftre Pierre Maulin, &
Pierre du Luc enquefteur au Siege Prefi-
dial de Guyenne, figné Auelin & du Luc
tendante aux fins que pour les caufes y
contenuës les Receueurs oppofans à la
publication & verification dudit Edict,
& ce faifant declarer ny auoir lieu de publier, iceluy Edict au preiudice des
droits des Supplians, & a eux attribuez
par ledit Edict aux nouueaux Auditeurs
des Comptes & ouy en la Cour : Le
Procureur General qui a dit auoir baillé

sa responce par escrit, contenant la publication & verification desdites lettres en
forme d'Edict, & quant à la requeste ce
iourd'huy presentée par les Enquesteurs
qu'ils ne font receuables à s'opposer a la
volonté du Roy aussi ils n'ont iamais
iouy paisiblement des droits des comptes attribuez aux nouueaux Offices par
ledit Edict, dit a esté que la Cour les
Chambres assemblées sans preiudice
de l'opposition formée par les Enquesteurs de Guyenne, & sauf a eux de se
pouruoir pardeuant sa Majesté, comme
ils verront estre à faire, a ordonné & or-
donne que lesdites lettres patentes en
forme d'Edict seront leües publiees &
& enregistrées és registres de la Cour
pour auoir lieu pour le regard des Auditeurs des comptes seulemēt : A la charge
neantmoins qu'il sera loisible aux parties
si bon leur semble de conuenir & s'accorder des proches parens, suiuant l'ordonnance pour l'audition & examen des
comptes rendus par les tuteurs & leurs
mineurs, & pour le surplus contenant
les Experts Iurez declare ladite Cour
n'y auoir lieu de verification, & enre-

giſtrement dudit Edict, prononcé à Bordeaux en Parlemēt les Chambres d'iceluy aſſemblees le ſeizieſme Decembre
mil ſix cens neuf, & à coſté eſt eſcrit Da-
tif Preſident, Bauolier Rapporteur.

LOVIS PAR LA GRACE DE
DIEV ROY DE FRANCE ET
DE NAVARRE: A tous ceux qui ces
preſentes verront, Salut: Encores que
le feu Roy noſtre tres-honoré ſeigneur
& pere que Dieu abſolue, ayt pour le
bien de nos ſubjects par ſon Edict du
mois de Nouembre mil ſix cens ſept
creé en tiltre d'Office, formé des Auditeurs des Comptes, des Tuteurs, Curateurs, Sequeſtres & Experts Iurez en noſtre Prouince de Guyenne & reſſort de
noſtre Cour de Parlement de Bordeaux: neantmoins ces intentions n'ont
point eſté ſuiuies & executees, dont il
nous a eſté faict pluſieurs plaintes, & re-
monſtré l'vtilité de l'eſtabliſſement deſdits Offices, à cauſe que la plus grande
partie des procez qui ſont entre nos ſu-
jects où il y a de tels Offices ſont pour

venir à compte ou reuiſion d'iceux, di-
uiſions ou eſtimations d'heritages fon-
dez ſur ce que tels comptes ſont quel-
quesfois examinez par perſonnes peu
entenduës en ceſte matiere : Leſquels
pour contenter les parties qui les ont
nommez s'y portent comme pour leurs
affaires propres, & ce faiſant commettent pluſieurs abus & nulitez, donnant
ſubiect de debattre & contredire les
procedures, demander reuiſion des
comptes, nouueau partage & nouuelle
eſtimation, au grand preiudice des veſues, pupilles, mineurs & autres, Et pendant ces longueurs conſument leurs
moyens & facultez, autres ſont con-
trainɛts quitter leurs pourſuittes, aban-
donner & renoncer à leurs droiɛts pour
le peu qui leur eſt volontairement offert
aymant mieux ſe contenter de ce, Que
d'expoſer le reſte de leur bien au peril
d'vne longue & incertaine pourſuitte,
ayant eſté d'ailleurs informez que nos
ſubiets de noſtre Prouince de Languedoc reçoiuent vn grand ſoulagement
de l'eſtabliſſement deſdits offices. A
ces causes, Nous deſirans pour-

uoir de pareil foulagement, a nofdits fu-
jets de noftre Prouince de Guyenne,
pour le bien defquels, ne trouuant meil-
leur remede ny plus affeuré que d'efta-
blir lefdits Offices d'Auditeurs des
comptes & Curateurs Sequeftres, & faire bien eftroictement garder & obfer-
uer l'Edict de creation d'iceux Offices
defia verifié en noftredite Cour de Parlement de Bordeaux: Mais auec des mo-
difications qui le priuent des functions
attribuees aufdites charges, & lefdits
Offices inutiles à nos fujects priuez du
benefice de noftredit Edict, lequel ayant
derechef faict voir en noftre Confeil
auec l'Arreft de verification de noftredite Cour de Parlement, cy-attaché fous
noftre, contrefeel & fur iceluy meure-
ment deliberé en noftredit Confeil où
eftoient plufieurs Princes, Seigneurs &
Officiers de noftre Couronne, & par
leur aduis, NOVS AVONS dict, decla-
ré, ordonné & ftatué, & de noftre certaine fcience, plaine puiffance & auctorité Royalle, difons, declarons, ordon-
nons & ftatuons, voulons & nous plaift,
Que le fufdit Edict de creation defdits

Offices d'Auditeurs des Comptes, des
Tuteurs & Curateurs Sequestres, soit
entierement entretenu, gardé & obser-
ué de poinct en poinct selon sa forme &
teneur, & iceux Offices en tant que besoin est de nouueau creez & erigez,
creons, erigeons & restablissons par ces
presentes signees de nostre main pour
y estre presentement & quant vaccation
y escherra pourueu de personnes capables pour d'iceux Offices ioüyr & vser
par les pourueus aux honneurs, auctori-
tez, priuileges : preeminances, franchi-
ses, libertez, droits, pouuoirs, & esmo-
lumens attribuez par ledit Edict, ausquels pourueus en tant que besoin seroit
Nous leur auons attribué & attribuons,
l'examen, audition & closture de tous
comptes des Tuteurs & Curateurs, Sequestres, Commissaires des biens saisis,
& generallement de quelques natures
que ce soit qui se rendent de l'auctorité
de Iustice partages, diuisions d'heritages, prisees & estimations des biens,
meubles & immeubles, vente d'iceux,
& conformément a ce que joüissent les
pourueus de semblables Offices au ressort

fort de noſtredite Cour de Parlemēt de
Thoulouze , & tout ainſi qu'eſt contenu par noſtredit Edict , nonobſtant ledit Arreſt de verification , & pour donner plus de moyen aux pourueus deſdites charges de les exercer dignement
& ſans riſque , voulons qu'ils joüyſſent
du benefice de la diſpence des quarante
iours , ainſi que nos autres Officiers qui
ont payé le droit annuel , & que vaccation aduenant par mort ou reſignation
les veſues & heritiers ou reſignans ne
payeront pour la premiere prouiſion
aucune finance ny marc d'or. SI DON-
NONS EN MANDEMENT A nos amez
& feaux Conſeillers les gens tenans
noſtre Cour de Parlement à Bordeaux,
que ces preſentes ils facent lire publier
& regiſtrer & du contenu en icelles garder & obſeruer inuiolablemēt de poinct
en poinct ſelon leur forme & teneur
ſans aucune reſtrainction, modification
ny dificulté comme par ces meſmes
preſentes , leuons & oſtons celles faites
ſur ledit Edict , nonobſtant auſſi aucuns
empeſchemens , oppoſitions , ou appellations quelconques, deſquelles ſi aucu-

nes interuiennent , Nous auons retenu à nous & à nostredit Conseil la cognoissance icelle interdite , & deffenduë à tous nos Cours & Iuges nonobstant nos Edicts , Ordonnances , Arrests & Reglemens & lettres à ce contraires, ausquels nous auons desrogé & desrogeons pour ce regard. CAR TEL est nostre plaisir , EN tesmoin dequoy Nous auons faict mettre nostre seel à ces presentes. DONNEES à sainct Germain en Laye le dernier iour de Iuin , l'an de grace mil six cens trente-vn , & de nostre regne le vingt-deux, signé Louys , & sur le reply par le Roy Phelyppeaux, & seellé du grand sceau de cire jaune.

Collationné à l'Original par moy
Conseiller, Secretaire du Roy
& de ses Finances.